LA THÉORIE
PRATIQUE
DE L'ESCRIME,
POUR
LA POINTE SEULE;

AVEC des Remarques instructives pour l'Assaut,
& les moyens d'y parvenir par gradation:

DÉDIÉ
A S. A. S. Monseigneur le Duc de BOURBON.

Par le Sieur BATIER.

A PARIS,

De l'Imprimerie de la Veuve SIMON & FILS, Impr*meur-Libraires de
LL. AA. SS. Messeigneurs le Prince de Condé & le Duc de
Bourbon, & de l'Archevêché, rue des Mathurins 1772.

L'Auteur demeure rue de la Coutellerie, maison de Madame Nivelle, vis-à-vis M. Miret, Marchand de Vin du Roi, Quartier de la Grève.

MONSEIGNEUR,

L'AMOUR que vous avez pour les beaux Arts, & en particulier pour tous ceux qui tiennent à l'Art Militaire, & la protection

a ij

généreuse que vous accordez à ceux qui les enseignent ou les cultivent, m'ont engagé à vous faire l'hommage d'un Livre qui contient les premiers principes de l'Art de l'Escrime, dont la connoissance est nécessaire à tous ceux qui sont destinés à la défense de la Patrie.

A qui pouvois-je mieux adresser cet Ouvrage qu'à un jeune Prince qui annonce déja toutes les vertus qui

ont illustré les Condés ses
Ayeux?

Paroissant sous vos auspices,
MONSEIGNEUR, le Public le lira avec confiance, sur-tout quand il apprendra que vous avez daigné l'honorer de votre suffrage.

Ce seroit sans doute ici le lieu où je pourrois louer les rares talens que vous avez reçus de la nature, & que d'habiles

Maîtres ont sçu perfectionner; mais comme ils sont supérieurs à tous les éloges, je dois me borner aux sentimens d'admiration & de respect avec lesquels je suis.

MONSEIGNEUR,

DE VOTRE ALTESSE SÉRÉNISSIME,

Le très-humble & très-obéissant
serviteur. BATIER.

AVANT-PROPOS.

Si la lecture de ce petit Ouvrage ne donne pas la pratique, du moins elle fournira les moyens d'y parvenir; & même, pour peu que l'on fasse attention aux exercices du corps & du poignet qui y sont démontrés, on pourra déja par soi-même les rendre souples; ce qui est essentiel pour la facile exécution de cet Art : en outre, on aura la théorie de tout ce que l'on peut y pratiquer : il sera même plus gracieux à un Maître de donner leçon à quelqu'un qui aura de l'intelligence & de la souplesse.

Dans toutes les éducations, il y a deux objets à remplir, la culture de l'esprit & celle du corps.

La culture de l'esprit consiste principalement dans un soin particulier de ne l'instruire que de choses utiles, en n'employant que les moyens les plus aisés, & proportionnés aux dispositions que l'on trouve.

Le corps ne mérite pas moins d'attention ; &, à cet égard, il faut avouer que nous sommes bien inférieurs, non-seulement aux Grecs & aux Romains, mais même à nos Ancêtres. Cette

partie de notre éducation est singuliérement négligée sur un principe faux en lui-même. On
convient, il est vrai, que la force du corps est
moins nécessaire, depuis qu'elle ne décide plus
de l'avantage des combattans; mais, outre qu'un
exercice continuel l'entretient dans une santé
vigoureuse, désirable pour tous les Etats, il est
constant que les Militaires ont à essuyer des
fatigues qu'ils ne peuvent surmonter, qu'autant
qu'ils sont robustes.

L'Escrime ne doit donc pas être si négligée,
puisqu'elle peut procurer de l'agilité & de la
vigueur; & de plus l'Art de se défendre.

Elle a encore l'avantage de poser le corps dans
l'état d'équilibre le plus propre à la souplesse &
à la légereté : l'expérience nous a démontré que
ceux qui s'y sont appliqués, exécutent avec
beaucoup plus de facilité & de promptitude tous
les mouvemens de l'exercice militaire.

Il ne faut donc pas regarder comme inutile,
tout ce qui peut maintenir le corps dans un
exercice violent, qui, pris avec une modération
convenable, peut être considéré comme le pere
de la santé.   LA

LA THÉORIE

PRATIQUE

DE L'ESCRIME,

POUR

LA POINTE SEULE.

PREMIÈRE POSITION DU CORPS.

On commencera par placer les pieds de maniere qu'ils forment un angle droit; la tête de profil & en arriere; la poitrine très-ouverte; le bras gauche baissé, la main tenant la garde de l'épée, & la

A

droite fur la poignée : de-là on relevera les deux bras par-deffus la tête, enfuite on les déploiera en croix en baiffant les épaules.

De cette premiere pofition, on ouvrira les genoux ; enfuite on portera le pied droit à une femelle & demie de diftance, & en ligne tranfverfale au talon gauche; le poids du corps fur cette partie ; le bras droit un peu plus en-dedans qu'en dehors ; le poignet du gauche un peu arrondi, & le pouce près du doigt index.

La tenue du fleuret fera d'avoir le pouce à plat fur le corps de la poignée, le doigt index deffous, & plus avancé que les trois autres.

Premier tems de la main pour le coup de Quarte.

La premiere démonftration fera de tourner les ongles en-deffus, enfuite on élevera la main ; &, à fon élévation, le bras gauche baiffera, ainfi que les épaules.

Premier tems de la main pour le coup de Tierce.

On portera son bras en-dehors, en tournant la main les ongles en-dessous, le poignet un peu obliquement; cela fait, le poignet s'arrondira en s'élevant, le bras gauche baissera en même tems, & la main prendra la même figure de la droite; mais étendue; & les épaules baisseront. On réiterera plusieurs fois ces deux premieres démonstrations.

Détermination du coup de Quarte.

Quand on aura démontré le premier tems de la main, & avec opposition du dedans, on formera son écart de quatre semelles de distance d'un talon à l'autre, & sur la même ligne; & l'on aura soin de ne pas lever le pied droit trop haut en formant l'écart.

Situation de la Botte allongée.

Le corps au milieu de l'écart, le genou

A ij

droit plié perpendiculairement à la bou-
cle du soulier ; le jarret gauche roide, le
pied gauche à la même place, comme
aux autres positions prises à la démonstration de la main premiere : cela fait, on
se mettra en garde, l'épée devant soi.

Détermination du coup de Tierce.

Après la démonstration de la main,
on formera son écart, en soutenant toutes
les positions, ensuite on se remettra en
garde sur la même ligne. On fera très-
bien de rester long-tems sur la pratique
de ces deux Bottes, comme étant la base
de l'Escrime.

De l'Engagement.

Quand on sera engagé de *Tierce*, &
qu'on voudra engager de *Quarte*, le premier coup de poignet qu'on donnera pour
faire passer la pointe au-dedans, sera
fait dans la ligne du corps, & le second
servira pour la relever ; & en même tems
on retournera la main les ongles en-

deffus, en prenant la ligne d'oppofition du dedans.

Si, de l'engagement de *Quarte*, on vouloit paffer à celui de *Tierce*, le premier coup de poignet fera auffi fait dans la ligne du corps, & le fecond relevera la pointe, en tournant les ongles en-deffous, & le poignet obliquement fur l'oppofition du dehors.

Quand on tirera le coup droit (après l'engagement), il ne s'agira que de lever la main en plongeant un peu la pointe, & pour lors la Botte fe trouvera jufte au corps. On obfervera les mêmes pofitions que ci-devant pour la fituation du corps.

On fera très-bien de pratiquer long-tems tout ce qui vient d'être dit fur ces premiers principes, avant que d'entreprendre les rufes de cet Art.

Exercice.

Pour parvenir à acquérir de la facilité à tirer & à fe relever, on pourra s'exercer à former un balancement, tant des bras

A iij

que du corps, & cela en restant de pied
ferme. On ne fera pas mal encore de
rester de tems en tems sur la partie
gauche, ayant le pied droit levé, afin
de se procurer de l'à-plomb sur sa garde;
& sur cette position, on se portera sur
Tierce & *Quarte* en tournant la main,
& en l'élevant.

Quand on voudra déterminer son coup
de *Tierce* en *Quarte*, on dégagera en
avançant la main, & en la tournant les
ongles en-dessus; l'on tâchera d'accorder
l'écart avec le dégagement, ce qui ne
produira plus qu'un seul tems : & si par
hazard le corps prévenoit la main, on
fera très-bien d'en suspendre la réunion,
jusqu'à ce qu'on ait acquis une plus grande
pratique de la main premiere.

Et à l'égard de la détermination de
Quarte en *Tierce*, on pourra tirer les
ongles en-dessus; & c'est ce qui s'appelle
Quarte sur les armes, sur l'opposition du
dehors.

Pendant le tems que l'on emploiera à
se former sur ces deux objets, on pourra

s'exercer fur ce qui va être dit ci-après.

Premierement, quand on fera en garde, on formera des cercles à bras tendu, tant en-dehors qu'en-dedans, grands & petits, & du poignet feulement.

Secondement, pour fe donner une idée générale des oppofitions fimples, & qui fervent de parades pour le deffus & le deffous, on démontrera la *Prime*, qui fe produira fur la ligne du dedans, la main tournée les ongles en-deffous, le poignet arrondi & élevé, le bras un peu courbé : de-là on fe portera au-dehors en le détendant, & fans changer de pofition ; enfuite on relevera la pointe par un coup de poignet, & on fe trouvera en *Tierce*, qui parera le deffus des armes. De cette troifieme pofition, on portera le bras en-dedans, mais flexible ; & le même tranchant de la *Tierce* fervira pour parer la *Quarte*. De cette quatrieme, on retournera totalement les ongles en-deffus, en élevant la main, & le coude plus rentré. De cette cinquieme, on fe portera en-dehors, en même pofition

A iv

pour la *Quarte* sur les armes ; de-là on baissera la pointe, en conservant la main haute, & l'on rentrera en-dedans ; ensuite, sans rien changer, on se reportera en-dehors ; & c'est ce qui formera l'*Octave.*

En faisant attention à ces huit positions, on verra que quatre suffiront pour parer le haut & le bas : mais cependant il sera nécessaire de s'exercer sur toutes, afin d'être en état d'agir suivant les circonstances qui se présenteront.

Autre Exercice de parades.

Etant en garde, on avancera la main haute en formant un *demi-cercle* (le coude en-dedans ;) de-là on se portera un peu sur la ligne du-dehors en relevant la pointe, & en adoucissant l'avant-bras, & tournant les ongles en-dessus ; de cette position, on dégagera, & l'on se portera sur la ligne de *Tierce ;* ensuite on redégagera, & l'on reprendra la ligne du dedans. Ces quatre opérations suffiront pour parer le haut & le bas.

Autre.

Etant en garde, on formera des rondeurs avec la pointe, petites & grandes,
fans déranger la pofition du poignet &
du bras : on en fera autant fur la ligne
du dehors, & de tems en tems on relevera la pointe, afin de former parade.
Ces exercices procureront beaucoup de
parades, & juftes dans la ligne du corps.
On pourra encore en produire en pointe
baffe, afin de rompre davantage le poignet.

Quand on voudra entrer en mefure,
il ne s'agira que de porter le pied droit
à une femelle de plus, & faire fuivre le
gauche à proportion, afin de conferver
la même pofition de fa garde ; &, pour
rompre, ce fera le gauche qui commencera, & le droit fuivra.

Exercice du Salut.

Etant en garde, on portera la main au
chapeau, & là, on fera deux appels du

pied droit ; ensuite on baissera la pointe en élevant la main , & dans cet instant on ôtera le chapeau en retirant le pied droit derriere le gauche, de maniere que le bout se trouve près du talon ; le corps droit , les genoux roides , & la tête en arriere.

De cette position, on portera le bras droit en-dehors en le courbant, & la pointe haute ; ensuite on lâchera le pied gauche en arriere en se plaçant en garde, & en démontrant la parade de *Quarte* un peu élevée, & en fixant les personnes qui pourroient se trouver sur la ligne du dedans : de-là on se portera en parade de *Tierce*, en regardant aussi celles qui se trouveront de ce côté-là. Le salut finit là : mais il est d'usage de rentrer en mesure sur les mêmes positions qu'on s'en est éloigné ; & , en le faisant, on ramenera le bras en devant en pointe basse ; ensuite on le relevera par-dessus la tête, & en même tems on remettra le chapeau ; & pour lors on redéploiera les deux bras : on formera encore deux appels, enfuite on rentrera en mefure du pied gauche en devant, & l'on fe replacera en garde; cela fait, il faudra encore s'éloigner de la mefure en retirant le pied droit vers le gauche, & en élevant la main : on fait cette derniere retraite pour ne point fe trouver tout d'un coup à la portée de fon Adverfaire, quand on va faire Affaut.

On fera le maître de commencer le falut fur la premiere pofition du corps, & en ôtant fon chapeau; enfuite on fe placera en garde en frappant du pied, &c.

Autre Exercice pour quelqu'un qui auroit le corps roide.

1°. On commencera par former la premiere paffe, c'eft-à-dire, qu'on avancera le pied gauche en avant fur la même pofition du falut; enfuite on le portera, pour la feconde, plus loin; & la troifieme produira le grand écart. La pofition de cette troifieme paffe fera d'avoir le bras en-dehors, la main de *Tierce*; le genou gauche plié, le droit roide, ainsi que le jarret, & le talon levé : (cette attitude représente un Gladiateur;) & quand on l'aura pratiquée par parties, on fera ensorte de réunir le tout ensemble, c'est-à-dire, les trois tems ; ce qui ne fera pas facile pour trouver l'à-plomb du corps : mais l'usage en procurera l'aisance. Il faudra se remettre en garde, de cette position allongée.

Autre.

Quand on fera en garde, on lâchera le pied gauche fort loin, le corps allongé ; le bras en-dehors, la tête sous le bras, & la main de *Tierce.* Cette attitude démontrera la Botte de *Seconde*, que quelques-uns nomment *Botte de nuit* ; & quand il s'agira de se mettre en garde, il faudra resserrer le pied gauche par gradation pour reprendre sa garde : on fera encore le maître de retirer le pied droit vers le gauche, pourvu, cependant, que l'on soutienne le corps : une fois en force, on se remettra en garde, en repliant le genou gauche.

Exercice de la Volte.

Quand on fera en garde, on portera le pied gauche de côté, de maniere que le bout regarde le talon du droit : cette fituation de pieds démontrera la cinquieme pofition de la danfe ; & avec cela on aura les genoux roides, & la main gauche oppofée.

La Volte qui préfentera le dos à fon Adverfaire, fe pratiquera dans le même principe, excepté que le pied droit fe retournera en-dedans.

Exercice du Mur.

Quand on fera en garde, on commencera par porter la main au chapeau ; enfuite on retournera la main en *Tierce*, en ramenant le bras en devant ; & là, on le relevera par-deffus la tête, en tournant les ongles en-deffus, & en le redépliant : le chapeau s'ôtera à bras tendu ; cela fait, on tirera *Quarte* : mais la pointe décrira une autre ligne que celle du corps de fon Adverfaire ; parce que, fi l'on touchoit, ce feroit lui manquer, attendu qu'il livre fon corps, puifqu'il eft vrai qu'il a la pointe baffe, & le chapeau à la main, & qu'il ne s'oppofe point à la préfentation de la botte allongée En fe remettant en garde, on faluera la Compagnie par *Tierce* & *Quarte :* cela fait, on ramenera encore le bras en devant, & on le relevera par-deffus la tête, en remettant le chapeau, & les deux bras fe redéploieront pour reprendre la pofition de fa garde. Le Pareur relevera fa pointe, en faluant auffi la Compagnie ; après quoi, il remettra fon chapeau, en formant le même contour que le Tireur. Voilà le falut du Mur.

Quand on y tirera, on aura foin d'y conferver les vraies pofitions de fa garde, de paffer la main premiere ; & enfuite on achevera fon coup en foutenant fon oppofition, ainfi que fa pointe. On pourra refter un moment fur fa Botte, afin d'examiner fi toutes les pofitions font juftes & fuivant les principes.

Si, au lieu de *Tierce*, on tire *Quarte* sur les armes, la parade devra faire céder la main en *Tierce*, afin que le fleuret puisse rester dans la main ; & sans cette précaution, il en sortiroit facilement.

On peut dire que cet Exercice est le miroir des armes : mais les régles en sont de n'y faire aucune ruse, pas même de dégager sous le poignet.

Quand on aura tiré long-tems sur les principes de sa garde, on pourra prendre celle des genoux plus pliés, le pied droit plus éloigné du gauche , le bras plus courbe, & la main basse : cette position procurera beaucoup d'élasticité à l'avant-bras, & de légereté à la main. Et quand on parvient à y tirer promptement & avec élévation, l'Adversaire a de la peine à parer ; & même il faut que sa parade soit formée plus élevée qu'à l'ordinaire, sans quoi il risquera d'être touché. Cette garde ne se prend guère au Mur, que ce ne soit de convention avec le Pareur ; autrement il faudra reprendre celle de principe , afin d'éviter toute contestation.

Exercice de Tierce *& de* Quarte, *étant seul.*

1°. On tirera *Quarte*; on se remettra en garde sur la même ligne, en baissant la main; ensuite on la relevera, en retirant un second coup.

2°. On tirera *Tierce*, on se remettra en garde sur la même ligne, en baissant le poignet; ensuite on le relevera, en tirant un second coup. La réitération de cet exercice, prise dans les principes, procurera de la parade & de la riposte.

Du coup de SECONDE.

Cette Botte n'est autre chose qu'une *Tierce basse*, prise en-dessous: ainsi, quand on sera engagé de *Tierce*, on fera passer la pointe vers le dessous de son Adversaire, ensuite on tirera en position de *Tierce*; & là, on sera le maître de se remettre en garde à l'épée de *Quarte*. On pare assez volontiers cette Botte du *demi-Cercle*.

De

De la QUARTE basse.

Cette Botte n'est encore qu'une *Quarte*, comme la *Seconde* n'est qu'une *Tierce*: on la tirera au moment de l'élévation de la main de son Adversaire, en faisant passer la pointe sous la ligne de son poignet. La parade de cette Botte est du *demi-cercle* : on peut cependant se servir de celle d'*Octave*.

De la FLANCONADE.

Quand on sera engagé de *Quarte*, on fera passer la pointe vers le dessous, & sans quitter la lame de son Adversaire; on baissera un peu la main, afin que le fort puisse prendre son foible : on pourra encore opposer la main gauche, en tirant cette Botte; &, si c'est en riposte, elle devient presque inutile : sa direction est au flanc. La parade de ce coup est de tourner la main de *Tierce* en pointe basse, & rendre riposte en *Seconde*, la main plus basse qu'à l'ordinaire, à cause

B

de la situation du fer de l'Adverfaire, qui se trouve être plus bas ; par conséquent on tirera en oppofition par ce moyen ; &, si on veut ramener son fer au-dedans, il faudra relever la pointe en tournant les ongles en-deffus, le bras un peu courbe, & en se repliant sur la partie gauche ; & là on donnera un coup sec du tranchant de l'épée qui favorisera au coup de *Quarte.*

De la feinte de Tierce *pour tirer* Quarte, *qu'on nomme communément* Une-deux.

Cette feinte doit se paffer fort légerement de la main, & un peu en pointe baffe, en avançant le bras : la réuffite vient de ce que l'Adverfaire s'oppose en *Tierce* au premier dégagement, & qu'il n'aura pas été affez prompt à revenir en parade de *quarte,* ou au *demi-cercle,* ou bien en *prime.*

De la feinte de Quarte *pour tirer* Tierce *ou* Quarte *sur les armes.*

Cette feinte se passera aussi légerement, & dans le même principe que l'autre, & sa réussite viendra de ce que l'Adversaire se sera opposé à *Quarte*, & qu'il aura eu un retard à sa parade de *Tierce*.

Les feintes en trois tems se passeront dans les mêmes principes que ci-dessus; & les trois dégagemens que l'on sera obligé de former avant la détermination, procureront beaucoup de retenue de corps.

La feinte de *Tierce*, pour tirer *Seconde*, se démontrera un peu élevée, afin d'obliger l'Adversaire à élever sa parade; & à l'instant de son élévation, on tirera en-dessous. Et à l'égard de la feinte de *Quarte*, sa démonstration sera aussi élevée, & l'on profitera de l'instant de la parade haute de l'Adversaire pour achever sous la ligne de son poignet.

Feinte de Seconde *pour tirer* Quarte *sur les armes.*

Quand on fera engagé de *Tierce*, on marquera vers le deſſous ; de-là on relevera la pointe en retournant les ongles en-deſſus (en obſervant ſon oppoſition) ; enſuite on tirera ſur les armes ; &, ſi on ne veut pas achever, on ſe reportera en *Seconde* : ce qui produira pour lors trois tems : on ſe relevera ſur la ligne de *Tierce* ou de *Quarte.*

Du Coupé ſur pointe.

Quand on fera engagé de *Quarte*, on produira un battement ; enſuite, par un coup de poignet, & l'avant-bras un peu retiré, on déterminera ſa Botte en *Quarte* ſur les armes, ou bien en *Seconde.*

Si l'on eſt engagé du côté de la *Tierce*, on fera auſſi un battement, & l'on déterminera au-dedans. On fera le maître de faire un dégagement après le coupé ; & cela dans la détente du bras, ou bien de marquer feinte. Et, fur un forcement de *Quarte*, la main un peu haute (de la part de l'Adverfaire) on déterminera le coupé en *Seconde*.

Les Parades trompées.

Pour tromper la parade du *contre* en *Tierce*, il ne s'agira que de dégager au-dedans, enfuite on paffera au-dehors par-deffus la lame; (ce qui produira le tour de l'épée), & l'on rentrera au-dedans par un dégagement où l'on tirera *Quarte*, ou bien on y marquera, & l'on reviendra terminer en *Quarte* fur les armes; pour lors on aura trompé le fimple de *Quarte*; & fi l'on ne veut pas rentrer au-dedans, (après le tour de la lame) on fera le maître de marquer la feinte de *Seconde* pour terminer en *Quarte* fur les armes.

Et pour tromper le *contre* de *Quarte*, on dégagera au-dehors; & fitôt que l'on fentira être ramené au-dedans, on redégagera pour achever en *Quarte* fur les armes; ou bien on marquera feinte pour revenir au-dedans ; pour lors le *contre* & le *simple* seront encore trompés.

Les liemens de lame se tromperont comme les *contres* ; & même on pourra y produire des coupés, afin de faire perdre la lame à son Adversaire.

On trompera la parade *demi-Cercle,* aussi-tôt qu'on sentira que le marquement de *Seconde* sera traversé par cette parade ; pour lors il faudra, (à l'instant de la formation) y retourner pour achever son coup. Comme quelquefois on pare la *Quarte* par le *demi-Cercle,* ou la *Prime,* le marquement devra être au-dedans des armes, au lieu de *Seconde.*

Et, si par hazard au marquement de *Seconde,* on se trouvoit contrarié par le *demi-contre* * de *Quarte,* il faudra pour lors dégager, & tirer *Quarte* sur les armes, ou bien marquer *une-deux.*

Pour tromper le *demi-cercle* & l'octave

_____

* Le terme de *demi-Contre* est peu usité dans les Académies, attendu que c'est la même opération que le *Contre.*

en même tems, il faudra marquer deux
fois en *Seconde* ; la première fois pour
le *demi-Cercle*, & la deuxième pour
l'*Octave* ; ensuite l'on achevera sa Botte
en *Quarte* sur les armes.

La parade de *Prime* se trompe comme
le *demi-Cercle* : & la parade de *Seconde*
(la main tournée de *Tierce*, & pointe
basse) comme l'*Octave*.

Comme la parade du *demi-Contre* n'est
qu'un dégagement, & qu'elle produit le
même effet que le *Contre*, pour le renvoi
de la lame, il ne faudra seulement qu'a-
vancer la main sur la même ligne de
l'engagement ; ensuite dégager & tirer,
ou marquer *une-deux*.

Ex. Quand on avancera sur *Quarte*,
on se trouvera renvoyé sur la ligne de
Tierce ; & quand ce sera sur *Tierce*, on
sera renvoyé sur *Quarte*.

Du Coulé ou froissement.

Avant que de former celui de *Tierce*,
il sera bon d'avoir les ongles en-dessus,

B iv

& le bras courbe ; ensuite on le détendra, en tournant la main obliquement : & pour celui de *Quarte*, on ne fera qu'avancer la main un peu plus en-dedans, & en même position.

Du coulé & battement en même tems.

Il faudra faire ensorte que ces deux opérations se produisent dans le même tems par un coup sec du poignet, & sans que le bras sorte de la ligne du corps : & le battement de *Quarte* se produira du tranchant de l'épée, par conséquent la main se trouvera être partagée entre *Tierce* & *Quarte*.

Quand on formera un battement seul, le bras restera sur sa position ; alors il n'y aura que le poignet qui agira dans cette opération.

On pourra pratiquer de petits battemens, sans tourner la main, & l'on produira en même-tems feintes, ou coupés.

Quand on aura bien pratiqué tout ce qui vient d'être dit, on pourra entreprendre de parer & tirer à toutes feintes; cet exercice eſt propre pour parvenir facilement à l'Aſſaut; mais, pour le bien pratiquer, il faudra reſter de pied ferme l'un & l'autre. Le Tireur aura plus davantage que le Pareur, parce qu'il n'y craindra point de ripoſtes, attendu que ce n'eſt point l'uſage d'en rendre dans cet exercice. Chaque fois que l'on aura tiré, on ſe remettra en garde; cependant le coup de main en *ſeconde* peut s'y pratiquer.

Exercice de parades & de ripoſtes.

1°. Le premier qui tirera *Tierce*, ſera paré par la même parade, & on lui rendra ripoſte ſur la même ligne, qu'il parera en ſe remettant en garde, & il ripoſtera le même coup : le même coup ſe retirera, & ſera auſſi paré par la *Tierce*; mais la ripoſte ſera rendue en *Seconde*, qu'on parera par le *demi-Cercle*, en ſe remettant en garde; l'on rendra ripoſte au-dedans tout de ſuite, & l'on ſe remettra en garde.

2°. On tirera *Quarte*, & l'on parera par *Quarte;* & la riposte sera rendue sur la même ligne, qu'on parera aussi en se remettant, & tout de suite on rendra le même coup : le même coup se retirera, & sera paré par la même parade; mais la riposte sera rendue en *Quarte basse*, parce que la hauteur de la main & de l'opposition couvrira la ligne de *Quarte;* & même, avant que de riposter, on prendra la précaution d'opposer la main gauche pour plus grande sûreté. Le Tireur se relevera en pointe basse, & rendra riposte au-dedans.

Riposte après la parade du Contre.

1°. Le Tireur, en dégageant, tirera *Tierce* ou *Quarte* sur les armes; son coup sera renvoyé sur la ligne du dedans, & cela par la parade du *Contre* en *Quarte;* & on lui rendra riposte de *Quarte* : il se relevera au *demi-Contre* de *Tierce*, & pourra rendre riposte sur la même ligne, ou bien sur celle de *Seconde*.

2°. En dégageant, on tirera *Quarte*; le coup fera renvoyé fur la ligne du dehors par la parade du *Contre* en *Tierce*: on rendra ripofte en *Tierce*, fi l'on a baiffé fon fer; & fi, au contraire, on l'a élevé, ce fera en *Seconde*: pour lors le Tireur fe relevera fuivant la ripofte: fi c'eft en *Seconde*, ce fera en parade du *demi - Cercle*, & il rendra ripofte du *demi-Cercle*, en-dedans; &, fi c'eft en *Tierce*, il fe remettra du même côté; ou bien au *demi-Contre* de *Quarte*, & rendra ripofte, foit en *Tierce*, ou *Seconde*; ou en *Quarte*, s'il s'eft fervi du *demi-Contre*.

Coups rendus au pied levé, en dégageant;
& parade du Contre, en fe remettant en
garde.

1°. Engagé de *Quarte*, on tirera *Tierce* ou *Quarte* fur les armes; le coup fera renvoyé au-dedans, par la parade du *Contre* en *Quarte*; &, à la premiere démonftration de retraite, on dégagera;

& l'on tirera *Quarte* sur les armes : pour lors, celui qui se relevera, se servira de la parade du *Contre* en *Quarte*, & redégagera pour tirer sur les armes ; & l'autre se remettra, en formant la même parade.

2°. Engagé de *Tierce*, on tirera *Quarte* ; le coup sera renvoyé au-dehors, par la parade du *Contre* en *Tierce* : on dégagera, & l'on tirera au-dedans ; & l'autre se servira de la même parade, & il redégagera, & tirera au-dedans, où il sera encore renvoyé par la parade du *Contre* en *Tierce*.

Le réitération de cette manœuvre ne pourra produire qu'un très-bon effet pour l'Assaut.

Autre Exercice.

1°. On fera un battement de *Tierce* : après quoi, on se reportera sur la ligne du dedans, en se repliant sur la partie gauche ; & l'autre tirera le coup de *Quarte* sur les armes au moment de l'ouverture, qu'on parera de *Tierce* : enfuite on ripoftera en *Seconde*.

2°. On fera un battement de *Quarte* : après quoi, on fe portera fur la ligne du dehors ; & l'autre profitera de cet inftant pour tirer *Quarte*, que l'on parera par *Quarte* ; & la ripofte fe rendra fur la même ligne.

Autre.

Tous deux fe mettront en garde pointe baffe, & la main haute ; &, fur cette pofition, on fera un battement : celui qui l'aura formé, fe portera fur l'*Octave* ; & l'autre tirera au-dedans tout de fuite, & fera paré par la même pofition du battement, & la ripofte fera rendue. Après plufieurs réitérations, on pourra changer de pofition, c'eft-à-dire, que la main prendra la figure de la *Tierce*; par conféquent fera en *Prime*, & le battement fe produira fur cette pofition; enfuite on fe reportera au-dehors en même fituation ; & l'autre profitera de cet inftant pour tirer au-dedans, où il

sera paré par la *Prime*, & la riposte s'en-
suivra. On pourra, au lieu de la parade
de *Prime*, se servir de celle de *Quarte*, &
rendre la riposte. Cet exercice donnera les
parades promptes, ainsi que les ripostes.

Exercice du Coup de tems sur la marche.

1°. Si l'on marche à l'épée de *Tierce*,
on dégagera, & l'on tirera *Quarte*, que
l'Adversaire parera en ripostant.

2°. Si l'on marche à l'épée de *Quarte*,
on dégagera, & l'on tirera dans son dehors : l'Adversaire parera, & rendra la
riposte du dessus ou du dessous.

3°. Quand on marchera sur *Tierce*,
& qu'on laissera un vuide sur cette ligne,
on tirera droit du fort au foible, & la
parade devra plutôt être de *Prime* que de
Tierce; & en la formant, on opposera
la main gauche vers le dessous du bras
droit, & on le détendra seulement pour
rendre riposte ; & le corps se portera
sur la partie du devant sans écart.

Comme presque toutes les ripostes

doivent être rendues au pied tombant,
on ne fera guère dans le cas de produire
l'écart pour cette opération : mais il faut
beaucoup d'ufage pour opérer ainfi.

4°. Si l'on marche fur *Quarte*, la main
baffe & la pointe haute, on tirera droit
avec élévation, & en plongeant la pointe;
pour lors on élevera la parade de *Quarte*,
& l'on rendra la ripofte en *Quarte baffe*,
en oppofant la main gauche; & fi, au
contraire, on marche en main élevée, on
tirera la *Quarte baffe*, en portant fon
pied plus en-dedans pour plus grande fû-
reté : ce coup fera paré au *demi-Cercle*,
& l'on rendra ripofte; & fi on le pare
en *Octave*, on ripoftera pour lors en
Seconde fur la même pofition.

Exercice du coup de tems, en rompant un pas de mefure.

1°. Quand on marchera fur *Tierce* avec
précipitation, on dégagera en rompant,
& lon tirera *Quarte*; & fi l'on ne veut
pas rompre, on voltera.

2°. Sur la marche du dedans, on dégagera, & l'on tirera au-dehors. La volte sur cette ligne sera plus difficile que sur l'autre, attendu qu'il la faudra produire tout différemment. Il s'agira donc de porter le pied droit sur la cinquieme position de la danse ; ensuite le gauche s'y placera aussi, & l'on opposera la main gauche : cette attitude est fort belle.

3°. Les coups droits se tireront, quand on marchera sur la fausse ligne d'opposition.

Les coups de tems, pris sur la marche, sont sans contredit les plus certains, attendu que l'on ne peut pas marcher, & tirer en même tems ; cependant il y a des personnes qui veulent prouver le contraire ; leur usage est de tirer hors de mesure, en faisant marcher le pied gauche au moment que le droit se leve pour tirer ; &, si on leur prend le tems sur cette manœuvre, ils prétendent que l'on tend : mais ils se trompent ; tout ce qu'il y a, c'est qu'il faut tâcher, en le prenant, d'éviter le coup pour coup par son opposition ;

&,

&, pour plus grande sûreté, on pourra
encore opposer la main gauche en cavant
le côté droit, ou bien en lâchant le pied
gauche. Je conseille donc d'éviter cette
manœuvre, parce qu'elle fait perdre l'à-
plomb du corps; ce qui est très-dange-
reux dans une affaire sérieuse : ainsi je
crois qu'il est plus à-propos de marcher
ou d'avancer le pied gauche vers le droit,
que d'agir de cette maniere; du moins,
par ce moyen, on se trouvera être sur
les jambes, par conséquent en état de
parer le coup de tems, & d'avoir la riposte
pour soi.

Si par hazard (étant en mesure) on
démontre une position de pointe basse,
ainsi que de la main, on pourra se développer, à l'instant de la prise de cette
situation : il en sera de même, sur un
marquement produit à la tête ; mais le
développement se fera en *Seconde.*

Autre sur l'Engagement.

Sitôt que l'un des deux quittera

C

l'épée, il faudra que l'autre saisisse l'instant du passage de la pointe, pour tirer droit : mais, s'il souffre l'engagement, ou du moins la ligne, il sera pour lors obligé lui-même de dégager, & de tirer au-dedans ; bien entendu que c'est du côté de la *Tierce* qu'on aura voulu faire l'engagement ; car, si c'est du côté de la *Quarte*, ce sera en-dehors, si on n'a pas saisi le premier tems du dedans. Il faudra beaucoup d'usage pour l'exécution prompte de ces sortes de coups.

Autre sur le Coupé.

Sitôt qu'on formera un Coupé sur la ligne du dedans, on tirera droit sur la ligne du dehors ; &, s'il est formé sur la ligne du dehors, on tirera au-dedans. On trouvera encore plus de facilité à l'exécuter, si l'Adversaire le produit sans faire un battement ; & cela à cause de la direction de la pointe au corps qui ne se trouvera pas être dérangée.

Autre sur le Coulé.

1°. Quand on le formera sur *Tierce*, on tirera *Quarte*, en opposant la main gauche, afin d'éviter le coup pour coup. Je trouverois même plus à-propos (pour plus grande sûreté) qu'on fît un battement de *Quarte*, & qu'on rendît tout de suite le coup, plutôt que de le prendre. On fera là-dessus ce que l'on jugera à-propos, cela dépendra de la situation de la pointe de celui qui aura formé le coulé. 2°. Et quand on le produira en *Quarte*, ce sera en-dehors qu'il faudra tirer. Si par hazard on le formoit foiblement, on tirera droit du fort au foible.

Autres coups de tems sur la démonstration des parades.

1°. Quand on préviendra la parade du *demi-Cercle*, il faudra vîte repasser au coup de *Seconde*; &, si par hazard on la démontroit en main basse, on tirera par-dessus la monture.

2°. Si l'on prévient l'*Octave*, en faisant rentrer la pointe en-dedans, comme voulant parer la *Quarte basse*, pour lors on tirera par-dessus du côté du dehors; mais on opposera la main gauche, à cause de la pointe qu'on laisse sur le corps.

3°. Au premier liement du *Contre* en *Tierce*, on tirera au-dedans, ou bien, au relevé de la pointe, en *Quarte* sur les armes, & du fort au foible; ensuite on passera encore, si l'on veut, la pointe vers le dessous, en lâchant le coup de main.

4°. Sur le liement du *Contre* en *Quarte*, on tirera au-dehors, & l'on pourra encore produire le coup de main.

5°. A la premiere démonstration de la *Prime*, on tirera en-dessous; & quand on ne fera que présenter le coup, & qu'on tirera d'un autre côté, pour lors ce ne sera plus le tems, mais on aura trompé la parade; & à la présentation, on pourra fort bien être arrêté soi-même, c'est à quoi il faudra prendre garde; car souvent on démontre les parades, afin d'at-

tirer son Adverfaire dans le piége. *Ex.*
En voulant tromper la parade du *Contre*
en *Tierce*, on peut fort bien être arrêté
par la pofition d'*Octave*, ainfi que fur
celles du *demi-Cercle* & de *Prime*; & fur
le *Contre* en *Quarte* d'un coup droit au-
dehors; & quelquefois auffi on a deffein
de parer & ripofter. Enfin l'Efcrime n'eft
remplie que de rufes, tant du corps que
de la main; & même il y a des pofitions
de fantaifie qui peuvent fort bien réuffir,
pourvu, cependant, qu'elles foient pri-
fes avec jugement & viteffe. Mais, à
l'égard de la production des parades, il
faut toujours qu'elle foit faite fuivant
les principes de l'Art, c'eft-à-dire, juftes
l'épée devant foi, & du poignet feulement, & avec le fort de l'épée fur le foible de celle de fon Adverfaire; par conféquent le raccourciffement de l'avant-
bras eft quelquefois néceffaire dans certains cas, fur-tout quand on fe trouve
près l'un de l'autre.

Je crois qu'il eft fuffifant d'avoir démontré une partie des endroits où l'on

pouvoit prendre les coups de tems : ainſi nous n'en parlerons pas davantage ; c'étoit même aſſez, pour en faire connoître toute l'étendue, de l'article où l'on quitte l'épée pour produire un dégagement.

On peut dire hardiment que l'exercice du coup de temps eſt le plus pénible de l'Art, tant pour la prompte exécution, que pour l'attention : le jugement y a beaucoup de part ; & ce n'eſt qu'à force de pratique que l'on y parvient.

La parade & la riposte prompte ont auſſi beaucoup de difficultés pour bien juger la détermination de la Botte : mais ce jeu eſt moins pénible que celui du coup de temps, parce qu'il n'y a pas tant de développement à produire.

Par le jeu d'attaque on ébranle souvent ſon Adverſaire, ſur-tout quand on marche en tenant ſa lame, & l'épée bien devant ſoi ; &, de plus, que l'on démontre que l'on eſt prêt à parer le coup de tems : cette maniere d'entrer en meſure annonce un homme qui ne craint rien. La marche fiere & le frappement du pied ont quelque chose qui peut déconcerter : mais, si, au lieu de le laisser faire, on le traverse par un demi-tems, ou une feinte de la main, il se trouvera pour lors obligé de suspendre sa premiere idée, & de chercher parade ; & si, au contraire, on le laisse faire à sa volonté, c'est une preuve qu'on l'attend à la détermination de son coup pour le parer & riposter.

Ces trois jeux, que l'on pratique à l'Assaut, demandent un long usage pour les bien exécuter : il est même fort rare de trouver un homme parfait dans les trois, pour la prompte exécution ; il y aura toujours quelque chose qui ne sera pas saisi dans le tems qu'il le faudra : enfin, s'il s'en trouvoit un, il ne seroit pas aisé de le vaincre, parce qu'il auroit tout pour lui.

Reprise de Quarte, *après le coup tiré, &*
sans se relever.

Il ne s'agira, pour cela, que de produire une retraite du corps, & rentrer
le même coup, la main de *Prime :* cette
position est plus favorable que les ongles
en dessus : on pourra encore faire cette
reprise en *Quarte* sur les armes; mais elle
est plus difficile de ce côté-là, à cause
du dégagement. Il faudra faire attention de n'être pas pris soi-même en faisant la retraite du corps, comme cela
pourroit fort bien arriver. Pour moi,
je serois d'avis que l'on fît plutôt une retraite du pied droit vers le gauche (en
soutenant le corps) en reproduisant un
écart. On fera là-dessus ce que l'on jugera à-propos.

Pour éviter cette reprise, il sera donc
nécessaire de soutenir son opposition &
ne pas quitter le fer, & même d'opposer encore la main gauche.

Auparavant que d'entreprendre l'Assaut, il est bon de savoir que chacun

prendra la garde qu'il jugera à-propos, & même qu'il manœuvrera suivant son idée ; ainsi il faudra agir selon les circonstances qui se présenteront , & ne pas trouver mauvais tout ce qui pourra être fait de contraire aux vrais principes de l'Art : car enfin on emploie toutes sortes de ruses pour vaincre son ennemi.

Les Jeux bizarres pourront très-bien embarrasser ceux qui commenceront leurs premiers Assauts sur les vrais principes ; mais quand ils en auront fait plusieurs, ils en connoîtront mieux la nécessité d'en faire usage.

Les différentes positions de garde ne désigneront pas toujours un jeu contraire aux vrais principes , puisqu'il est certain que l'on sera quelquefois obligé de les imiter pour mieux être à portée de se défendre, (sur-tout dans les gardes basses) afin de pouvoir engager l'épée sans trop se découvrir.

Voici à-peu-près une partie des gardes connues, & qui ont un nom décidé ; & à l'égard des autres positions qui en différent, elles deviennent gardes de caprice.

DE LA GARDE ITALIENNE.

La position de cette garde est d'avoir les genoux extraordinairement pliés, les pieds éloignés l'un de l'autre d'environ trois semelles, le bras fort courbe, la main près de la cuisse, & le bras gauche en avant, afin de parer de la main gauche, & riposter de la droite : cette manœuvre vient de ce qu'en Italie, on se sert du poignard en même tems que de l'épée. Ce jeu est encore d'usage aux réceptions des Maîtres.

Les oppositions de main gauche qu'on pratique de tems en tems en France, représentent ce jeu, excepté que nous parons du fer, & qu'elles ne servent que pour éviter une rentrée en cas de besoin.

Pour tromper ce jeu, on pourra à-peu-près imiter la garde, ensuite tirer à demi pour tromper la parade de main ; & sitôt qu'on tirera, on parera & ripostera.

Il ne faut cependant pas s'imaginer que ceux qui tiendront cette garde, n'ont d'autre reſſource que de parer de la main gauche, on tomberoit dans l'erreur; car ils ont, comme nous, la parade du fer, ſur-tout *Tierce* & *Quarte*

DE LA GARDE ESPAGNOLE.

Cette garde eſt d'avoir le bras tendu, le corps en avant, le côté droit cavé, les pieds peu éloignés, le genou gauche roide, & le droit plié; outre cela, l'arme eſt fort longue.

Le jeu de cette garde eſt de tendre en rompant, & il ne ſouffre guère l'engagement; ainſi quand on entrera en meſure, il faudra le faire en paſſe; ce qui procurera tout d'un coup deux meſures; & une fois maître de la lame, & que la pointe ſera hors du corps, on agira en conſéquence de ſon avantage.

La parade de cette arme n'eſt guère qu'en pointe baſſe; comme, par exemple, *Prime, Seconde, demi-Cercle* & *Octave.*

Les Voltes y font fréquentes ; & les Bottes que l'on y tire, vont fouvent à la gorge, & même à la tête. Je préfume bien qu'au fleuret, on a la précaution de tirer au corps, fans quoi les mafques font néceffaires.

DE LA GARDE ALLEMANDE.

La pofition de cette garde eft d'avoir le genou gauche roide., le droit plié, le corps en avant , & fur la pofition de *Seconde*. Les Efpadonneurs en font ufage par rapport à la retraite du corps, & c'eft ce qui les favorife pour frapper fur le poignet.

Ordinairement la parade favorite de cette garde eft la *Prime ;* & cela, quand il eft queftion de quitter la ligne de *Seconde* pour parer le deffus : ils parcourent ces deux lignes, comme nous parcourons *Tierce* & *Quarte* en pointe haute.

Cette garde n'eft point difficile à combattre pour fa pofition feulement, puifqu'il ne faudra que marquer feinte de *Seconde*, & tirer *Quarte* fur les armes, ou bien faire encore un marquement, & achever en *Seconde*. Mais celui qui tiendra cette garde, pourra très-facilement reprendre la nôtre, & par ce moyen gagnera une retraite du corps, qui le mettra à portée d'éviter la Botte, quand même il ne parcroit pas de fon fer : nous varions même quelquefois la nôtre fur cette pofition, & cela pour démontrer une demi-Botte. De plus, nous portons encore notre bras fur différentes lignes d'oppofition, afin d'attirer l'Adverfaire à donner dans ces fortes de variations.

REMARQUES.

Quand on trouvera quelqu'un qui aura une arme fort longue, je confeille de ne pas tout d'un coup fe placer en garde dans fa mefure, à caufe qu'il pourroit fort bien (à l'inftant du croifement) tirer en main baffe, & lancer une botte au bas-ventre, comme s'il tiroit un coup de dague ; & pour l'ordinaire (avec cette

arme) on se replace en garde en main
basse & le bras courbe; & même quelquefois la pointe près du pied, afin de
ne point livrer la lame. Comme on aura
deux mesures à produire avant que d'être
à portée de tirer sur lui, il sera bon d'y
entrer en passe; &, s'il vient à prendre
le tems, ce sera de parer au *demi-Cercle*
ou d'*Octave*, & même de caver encore le
côté droit : &, si par hazard c'est quelqu'un qui ait de l'art, le jeu en sera plus
difficile à combatre, attendu qu'il ne
souffrira aucun engagement, & tirera
souvent à demi-coup, & même quelquefois à la main ou au bras; c'est pourquoi
il faudra beaucoup de précautions pour
s'en garantir. Par exemple, les croisés
sont très-favorables à produire contre
ce jeu, mais il faut beaucoup d'usage
pour les bien exécuter. Les Contre-poin-
teurs les pratiquent souvent dans leur
jeu; mais, pour nous, nous ne les faisons qu'accidentellement, parce qu'il
faut trop souvent rompre quand on les
produit, & cela ôte la riposte

Sur un bras roide & la pointe au corps, il faudra faire des battemens, & agir en conséquence. Il y en a même qui ne se fient que sur la force de leur poignet, & qui entrent hardiment en mesure sur cette position ; alors il faudra volter, en opposant la main gauche.

Si un Adversaire avoit la garde basse, & sur la position de *Seconde*, il ne s'agira que de baisser un peu la sienne, en l'ouvrant davantage, afin d'être à portée de faire un battement de *Quarte*, qui pourra très-bien lui faire tomber l'arme de la main, à cause des ongles en-dessous.

Voilà à - peu - près toutes les positions du corps que l'on peut rencontrer dans cet exercice ; maintenant il est question de combattre différens jeux, & même contraires aux principes de cet Art; &, de plus, d'éviter les coups pour coups.

AUTRES REMARQUES.

1°. Si l'on entre en mesure à bras

tendu, la pointe au corps, & qu'ensuite on le retire pour dégager & tirer en main basse, je conseille de parer & riposter, plutôt que de prendre le tems.

2°. Quand on entrera en mesure avec précipitation, & à bras tendu en formant des rondeurs, & qu'on retirera encore le bras pour tirer en main basse, il faudra rompre un pas de mesure en parant en pointe basse, & rendre plutôt riposte que de tromper ces rondeurs, à cause du coup pour coup qu'il y auroit à craindre.

3°. Si l'on entre en mesure à l'épée de *Quarte*, en faisant passer la pointe vers le dessous pour tirer la flanconade, on doit plutôt s'opposer en parade que de prendre le tems, à moins qu'on n'oppose la main gauche en tirant sur le dehors.

Pour l'ordinaire, les jeux sans principes sont furieux ; mais il ne faut que de la prudence & de l'art pour les vaincre.

Quand on tirera avec des personnes qui

qui n'auront qu'une foible connoissance
de cet Art, & qui iront à tort & à travers,
il faudra leur donner beaucoup de jour au-
dedans, & avoir le bras un peu courbe,
la pointe élevée, la main, les ongles en-
dessus; & si par hazard ils donnent dans
le piége de l'ouverture, on parera ferme
en retournant la main, & en position de
Seconde : cette parade conviendra mieux
que le *demi-Cercle* ou la *Quarte.*

Comme tous les hommes ont une certaine ruse pour se défendre, il pourroit arriver que bien des gens ne fissent que marquer une demi-Botte, & achever en-dessus;
pour lors on sentira que la parade n'aura
pas produit son effet : ainsi on relevera la
pointe en parant *Tierce*, & en se repliant
sur la partie gauche : d'après cette parade,
on ripostera *Tierce* ou *Seconde*; &, quand
on voudra leur marquer quelques feintes,
il sera presqu'inutile de le faire dans la
ligne du corps, attendu qu'elles ne se-
roient pas assez significatives pour les
obliger à former parade ; & même on
pourra hardiment produire des appels du

D

pied en avançant la main : cette petite manœuvre sera suffisante pour combattre des jeux sans principes. Si, par hazard, on venoit à se servir des *Contres*, il sera bon de les former plus en pointe basse, & même le circuit plus grand, à cause des dégagemens des Adversaires, qui, pour l'ordinaire, sont toujours produits hors de la ligne du corps. De plus, on ne devra point craindre de riposte, attendu que leurs parades sont toujours produites du foible de l'épée, & encore très-écartées du corps. Il est même rare qu'ils restent de pied ferme ; car, à la moindre démonstration, ils rompent ; ensuite ils reviennent présenter des demi-Bottes hors de mesure, & malgré cela rompent encore ; &, pour les rejoindre avec facilité, il faudra avancer le pied gauche vers le droit, ou produire la seconde passe.

Enfin chaque homme a sa maniere de se défendre ; c'est pourquoi il sera nécessaire de se prêter aux circonstances qui se présenteront ; & ne pas même dire,

(quand on fera touché) qu'on n'a pas
tiré en régle : ce feroit une mauvaife rai-
fon à alléguer ; car l'Art nous apprend à
parer notre corps depuis le haut jufqu'en-
bas, & d'éviter même le coup pour coup :
c'eft pourquoi l'oppofition de la main
gauche eft admife dans certains cas,
malgré celle que l'on prend en tirant.
On fait que les deux oppofitions, c'eft-
à-dire, *Tierce* pour *Tierce*, *Quarte* pour
Quarte, doivent fe rencontrer : mais, fi
l'un des deux prend la ligne du bas, &
encore en main baffe, infailliblement le
coup pour coup fera produit. Et, quand
on tirera *Seconde* pour *Seconde*, *Quarte*
baffe pour *Quarte baffe*, les deux oppofitions fe rencontreront encore : mais
quelquefois on a le malheur de les manquer ; c'eft pourquoi je confeille plutôt
de parer & ripofter fur ceux qui tirent
fans principes, que de prendre certains
coups de tems ; & même il ne faudra pas
toujours s'attendre qu'ils iront à la parade du coup qu'on pourra leur porter,
on tomberoit encore dans l'erreur. Il

faudra donc, par sa prudence & par l'art, tâcher d'éviter qu'ils ne se mettent au même niveau de celui qui auroit appris cet Art; & ce seroit le faire, que de produire le coup pour coup.

AUTRES REMARQUES.

Pour se donner une forte idée de sa mesure, il ne s'agira que de se placer en garde, bras tendu, & qu'un autre en fasse autant; que ce soit à arme égale, qu'il y ait même taille, même production d'écart, pour lors on remarquera que le fort de l'épée sera au foible, & qu'on pourra toucher en s'allongeant : d'après cette expérience, l'un des deux rompra un petit pas, après quoi il retirera ; & pour lors il verra qu'il aura tiré hors de mesure : cela fait, il ira prendre une plus longue lame, & se replacera en garde à l'endroit où il n'aura pu toucher avec l'autre; il retirera, & touchera par la longueur de sa lame.

Souvent on croira quelqu'un hors de

mesure, tandis qu'il y sera, attendu qu'il
y a des hommes qui s'étendent plus les
uns que les autres : il sera donc question d'y prendre garde. La grandeur d'un
homme fera tout d'un coup présumer
qu'il aura cet avantage, cependant ce
ne sera pas toujours une régle certaine ;
car il peut fort - bien se rencontrer de
petits hommes qui forment de très-
grands écarts.

AUTRES.

Avant que d'entrer en mesure, il sera
bon de produire deux ou trois dégagemens & quelques appels du pied, afin
de connoître à-peu-près le jeu de son
Adversaire, & même on pourra produire une fausse marche ; &, par cette
petite manœuvre, on connoîtra si c'est
un jeu à coups de tems ; attendu que
sur la fausse marche, il pourra fort-bien
tirer, ou du moins en faire la démonstration : pour lors on agira en conséquence,
en se mettant à portée de parer quand
on entrera en mesure. Si, au contraire,

en voit de l'ébranlement, on ne risquera rien d'attaquer vigoureusement, sur-tout en tenant la lame de l'Adversaire, & de terminer sa Botte, ou bien de marquer feinte pour tirer d'un autre côté.

On ne pourra guère connoître le jeu de riposte, qu'en marquant des demi-Bottes ; parce que, sitôt que l'Adversaire se portera en parade, il rendra la main. Ordinairement celui qui pratique ce jeu, donne volontiers du jour. Il n'en est pas de même de celui du coup de tems ; on y est fidele observateur de sa garde, afin d'être toujours prêt à tirer à la moindre démonstration : c'est pourquoi il sera nécessaire de ne rien produire au hazard & par routine ; & même je conseille de ne pas former (dans la mesure) des parades composées, & cela vis-à-vis de quelqu'un qui aura une grande vitesse ; parce que l'on pourroit fort-bien en être la dupe, à moins que d'y joindre une retraite du corps.

Quoiqu'on se soit exercé aux trois jeux en même tems, il ne faudra pas

s'imaginer les poſſéder au point d'en faire
uſage quand on le jugera à-propos, on
tomberoit dans l'erreur. Par exemple, ſi
l'on n'avoit qu'un an ou dix-huit mois
d'exercice, le jeu d'attaque conviendra
mieux pour ſe défendre que les deux autres; & même après ce tems-là, on ne
ſera pas encore en état de le produire
dans ſa perfection.

A U T R E S.

Quand on voudra parer la *Seconde* par
la *Quarte*, pour lors ce ſera du talon de
l'épée, autrement dit, du fort près de
la monture : cette parade n'eſt pas aiſée
à exécuter, quoiqu'il n'y ait que la main
à baiſſer ſur la ligne du deſſous, en retirant un peu l'avant-bras. Quand on
tirera ce coup fort haut, la difficulté en
deviendra moins grande pour le tireur :
mais le plus grand nombre le tire pointe
baſſe; c'eſt pourquoi on ſe ſert ſouvent,
ou du *demi-Cercle*, ou de *Prime*, ou d'*Octave*.

Quand on trouvera quelqu'un qui opposera la main gauche en tirant *Tierce*, ce sera une preuve qu'il voudra rentrer le même coup, à l'instant qu'on quittera sa lame pour lui réndre riposte en *Seconde* : pour lors on ne fera pas mal de volter sur la position de son dehors, & en formant un battement de *Tierce*, qui pourra très-bien lui faire tomber l'arme de la main.

Quand on aura formé toutes les parades qui peuvent garantir le haut & le bas, & cela pour faire la recherche de l'épée de l'Adversaire, si on ne la trouve pas, je conseille de lui remettre la pointe au corps.

Si quelqu'un pare sans rendre riposte, on pourra hardiment redoubler un second coup, sans se relever totalement en garde.

Si, par hazard, on se trouvoit un peu abandonné, après avoir tiré le coup de *Seconde*, & que l'Adversaire se fût servi de la parade du *demi-Cercle*, il faudra, avant que de se relever, faire en sorte de

former une parade de *Tierce* en baiſ-
ſant la main ; & de-là, paſſer la pointe
vers ſon deſſous, en rendant un coup de
main, ce qui produiroit un bon effet ;
mais cette opération eſt un peu difficile,
à cauſe de la production de l'écart.

Etant en meſure, ſi l'Adverſaire venoit
à démontrer tout d'un coup une poſition
de main baſſe, ainſi que de la pointe,
on pourra à l'inſtant ſe développer ſur
lui, & oppoſer en outre la main gauche :
& s'il fait, au contraire, un marquement
aux yeux, il faudra lui tirer *Seconde*.

Comme l'on pourra très-bien rencontrer des poignets forts, & qui réſiſteront
au coup ſec de la parade, il ſera néceſ-
ſaire de ſoutenir davantage, & même
de rentrer le coude plus en-dedans ; &,
ſi c'eſt du côté de la *Tierce*, on formera
plus d'obliquité au poignet.

AUTRES.

Quand on aura affaire à quelqu'un qui
formera un battement ſur *Tierce*, & qu'en-

suite il se reportera sur la ligne du dedans, en se repliant sur la partie gauche,
on fera mieux de marquer un demi-
tems, que de tirer tout d'un coup la
Quarte sur les armes : &, s'il le fait au-
dedans, & qu'il se reporte sur la ligne du
dehors, on agira de même, à moins qu'on
ne se sente une grande supériorité de
vitesse, à cause de la retraite du corps :
mais s'il ouvre, avant que de produire
le battement, il sera facile d'éviter la
lame, & de profiter de cet instant pour
tirer ou marquer feinte.

Quand on sentira un battement en
position du *demi-Cercle*, il faudra vîte
repasser vers la *Seconde*, ou y marquer
feinte pour achever en-dessus.

Quand on subira celui où l'on passera
la pointe vers le dessous, (étant engagé
de *Quarte*) il faudra se porter vîte en
Quarte sur les armes, & opposer la main
gauche, à cause du coup de *Seconde*.

Il sera quelquefois à-propos de rompre un pas de mesure, quand on subira
un battement ferme.

AUTRES.

Quand on se servira du *Contre* en *Tierce*, en retirant l'avant-bras & les ongles en-dessus, il faudra riposter promptement en *Seconde*; &, si on rend la riposte en *Quarte* sur les armes, on opposera la main gauche; sans quoi on sera exposé à recevoir en même tems le coup pour coup, à cause du forcement de lame qui ramene volontiers la pointe de l'Adversaire au corps.

Si on trouve quelqu'un qui pare la *Quarte*, la main élevée & sans nécessité, il sera facile de lui tirer la *Quarte basse*.

Si, par hazard, on se laissoit surprendre par un coup droit de *Tierce* du fort au foible, on cédera en *Prime*, en opposant la main gauche, & l'on rendra riposte. Le dedans est moins sujet à cette surprise, parce que la garde y est portée: mais, si cela arrivoit, on soutiendra seulement davantage son opposition en main élevée, & le coude plus rentré.

Quiconque formera le *demi-cercle* en

main baſſe, ſera ſujet à être touché vers le deſſus de la monture, non-obſtant le deſſous que cette poſition découvre encore.

Quand un Tireur produira ſouvent la *Prime*, on le trompera facilement vers le deſſous. Il en ſera de même pour celui qui ſe portera ſouvent en *Octave :* ſon deſſus ſera encore en danger. On fera très-bien de varier les parades pour embaraſſer davantage ſon Adverſaire.

Celui qui entrera en meſure, ſans tenir la lame de ſon Adverſaire, & encore en courant, ſera facilement arrêté d'un coup de tems, ſoit en rompant, ou en voltant.

Quand on verra quelqu'un qui rompra à chaque inſtant, & ſans avoir l'épée devant lui, il ne ſera pas trop à craindre.

Quand on parera du foible de l'épée, & en rabattant encore la parade, pour lors le Tireur n'aura guère de ripoſtes à craindre.

Quand on aura trois ſemelles de garde, on marchera difficilement, à moins qu'on

ne prenne le parti de refferrer le pied
gauche vers le droit pour entrer en mefure ; ce qui vaudra mieux que de marcher.

Si quelqu'un tire, la main gauche
opposée, on fera très-bien de marquer
feinte, au lieu de riposter tout de suite.

Quand on trompera le *Contre* de *Tierce*,
(au lieu de rentrer au-dedans) on pourra
de tems en tems marquer la feinte de *Seconde*, & achever en *Quarte* sur les armes.

Quand on marquera la feinte de *Seconde* hors la ligne du corps, on pourra
prendre le tems en *Quarte* sur les armes,
ou bien marquer & tirer *Seconde*.

Si quelqu'un pare foiblement, on
pourra lui rentrer le coup.

Si, par hazard, on se laissoit gagner
jusqu'au poignet, & cela du côté de la
Tierce, il sera nécessaire de retirer l'avant-
bras, en soutenant son opposition ; cela
fait, on lancera le coup de *Seconde* en
lâchant le pied gauche : & si c'est au-
dedans, on opposera la main gauche,
ensuite on tirera la *Quarte basse*.

Celui qui tirera en avançant la main
& le corps en même tems pour accélérer
à la vitesse de son coup *, il faudra le
contrarier par un *Contre*, ensuite lui présenter riposte, ou bien achever.

Quand quelqu'un entrera en pointe
basse, la main haute, & en formant des
feintes, on prendra le coup de tems sur
la position d'*Octave*.

Celui qui marchera en formant un
coupé, on l'arrêtera d'un coup de tems.

Si l'Adversaire marche en liant la lame,
le tems sera aisé à prendre, pourvu qu'on
laisse aller sa main au corps en l'avançant.

Si on entre en mesure avec intrépidité,
& en formant des cercles, & qu'ensuite
on tire en main basse, la pointe un peu
élevée, on rompra un pas, en cherchant

---

* *Nota.* Cette maniere d'agir a son avantage & son danger; car, pour peu que la main ne se présente pas la premiere, le corps devient à la merci de l'Adversaire : ainsi je
conseille de ne pas s'accoutumer à cette manœuvre,
attendu qu'elle ne doit se pratiquer que pour des demi-
Bottes.

parade pointe basse ; & , quand on sentira bien la formation de sa parade, on rendra riposte. Il sera aisé, d'après cette manœuvre, de connoître que c'est quelqu'un qui tire sans art ; alors on pourra lui livrer tout le corps, & ne plus se servir que de la parade de *Seconde* naturelle, qui éloignera son fer en-dehors ; & s'il le fait revenir en dessus, on le parera pour lors en *Tierce*, & en se repliant sur la partie gauche.

Quand l'Adversaire se relevera en racourcissant par trop le bras, & encore en appuyant sur le fer, on dégagera, ou bien on fera un coupé. De plus, si on se releve en pointe haute , & sur une fausse ligne d'opposition, on tirera un coup droit.

Le jeu d'un Gaucher pourra fort-bien embarrasser pendant quelque tems ; mais on s'y fera aisément. Quand on tirera dans son dehors, on pourra quelquefois recaver la Botte, la main de *Tierce*. L'avantage d'un Gaucher sur un Droitier vient de ce qu'il prend leçon à droite ;

car enfin ce n'est que le jeu retourné. Si deux Gauchers tirent ensemble, ils se trouveront embarrassés l'un & l'autre pour le moment.

DES DÉSARMEMENS.

Les saisissemens au poignet se pratiqueront en formant des passes, & l'on aura soin de prendre l'arme de son Adversaire à la monture, afin qu'il ne puisse pas la reprendre de la main gauche.

Un des meilleurs désarmemens, c'est celui qui se trouvera être fait sur *Quarte*, & dont la pointe est au flanc de l'Adversaire.

Quand on s'abandonnera en tirant, alors le désarmement en sera plus facile; si c'est sur *Tierce*, on changera de position de garde, en la produisant à gauche; & là, on donnera un coup de genou sur celui de son Adversaire, & ce coup pourra très-bien lui occasionner une chûte.

Si l'on se trouvoit garde à garde, & que

que les deux pointes soient hautes, celui qui aura saisi l'arme fera très-bien de lâcher le pied droit en retirant le bras, & en présentant la pointe au ventre à son Adversaire.

Après une parade de *Prime* ou *demi-Cercle*, (si le coup tiré a été abandonné) on pourra désarmer, en faisant passer le bras gauche au-dedans du droit de celui de son Adversaire ; & pour lors son arme se trouvera être sous le bras : quoiqu'on en soit muni, il faudra encore lui présenter la pointe au ventre.

Je ne conseille pas de pratiquer le désarmement où l'on est obligé de passer l'arme derriere soi, parce que ce tems-là est trop long, & qu'il faut encore se placer en garde à gauche en le produisant.

Quand on désarmera par un battement, il n'est pas d'usage de rendre la Botte : mais, si c'est après avoir paré, on pourra riposter, attendu qu'on n'est pas toujours le maître de son premier mouvement. Comme le battement pro-

E

duit le même effet que la parade, il semble que le coup doit être tiré en même tems : cependant on doit s'attendre, en le formant, que l'Adversaire pourra prendre le tems ; ainsi la réflexion doit empêcher de donner la Botte, sur-tout quand on a dessein de désarmer par le battement.

AUTRES REMARQUES.

Celui qui parera de *Prime*, & qui ensuite reviendra parer *Quarte*, perdra le tems de sa premiere riposte : de plus, la formation de cette *Prime* est ordinairement trop à bras raccourci, attendu qu'il faut, pour bien opérer cette manœuvre, que la main se porte jusqu'à la joue gauche : ainsi il sera facile de tromper celui qui agira de cette maniere en marquant des demi-tems.

Celui qui voltera en présentant le dos, pourra très-bien y recevoir une Botte, sur-tout quand il n'aura pas jugé le coup ; par conséquent elle peut être de bon aloi.

Pareille chofe peut arriver à ceux qui fe retournent après avoir tiré ; & ce fera l'effet de la ripofte.

La volte, fur la ligne du dehors de l'Adverfaire, doit être faite plus prompte-tement que fur celle du dedans, parce que fa pointe refte plus fur le corps ; & elle n'eft guère poffible, par rapport à la manœuvre des deux pieds qu'il faut y pra-tiquer : fi, en la produifant, on ne trouve pas jour à tirer fur le deffus des armes, on paffera la pointe en-deffous en *Quarte baffe.*

❀ Si, par hazard, on fe trouvoit fatigué fur fa garde, & qu'on voulût toujours être fur la défenfive, on pourra roidir les genoux un inftant pour fe délaffer, enfuite on les repliera.

On ne fera pas mal de fe procurer un mois ou deux de *contre-pointe*, & quand on fera fuffifamment inftruit, on pourra mieux fe défendre : en voici une idée.

Ordinairement un Contre - Pointeur préfente des demi-tems en pofition de garde d'Efpadon ; &, fitôt qu'on s'oppofe en parade, il frappe au poignet en formant retraite ; mais souvent son coup est donné sur la monture.

Pour éviter cette manœuvre, il sera nécessaire de retirer le bras près du corps, & sur la ligne d'opposition du dehors ; &, en outre, le pied droit vers le gauche.

Et quand il marquera à la tête, on s'opposera à son arme, en la renvoyant de *Tierce*, mais à bras courbe, & les ongles en-dessus ; ensuite on tirera *Seconde*, en le serrant de près avec le pied gauche.

Quand il marquera à la cuisse ou à la jambe, on retirera le pied droit vers le gauche, & ensuite on se développera hardiment sur lui.

Et, si l'on veut lui présenter la main, on en sera le maître ; mais il faudra la retirer à l'instant, & profiter du moment qu'il voudra la frapper, pour tirer d'un autre côté.

Il est inutile de parler ici de son coup de pointe, attendu qu'en le pratiquant, il exercera pour lors notre jeu.

Si, par hazard, on avoit à combattre

une hallebarde ou autre arme fort longue, qu'on seroit obligé de tenir à deux
mains pour s'en servir, on se placera en
garde la main près du corps, les ongles en-
dessus, & sur la ligne du dehors ; &, sitôt
qu'on verra arriver le coup, on se portera
vîte sur l'opposition du dedans, le coude
plus rentré qu'à l'ordinaire, & en opposant
encore la main gauche ; ensuite on avancera promptement en passe, & l'on déterminera son coup en *Quarte.*

Comme il est fort difficile de combattre le jeu du bâton à deux bouts, dont
la plupart des Bretons (d'un certain
état) font usage, je n'entreprendrai pas
ici d'en faire mention ; car enfin ils produisent un moulinet si prompt, qu'on
peut dire qu'ils renvoient des pierres qui
leur sont lancées, & qu'en même tems
ils allongent des coups presque impa-
rables.

Le fléau est pour le moins aussi dange-
reux : cependant quelques Maîtres ont
dit qu'on pouvoit combattre ces armes-
là, en jettant une veste ou autre chose

E iij

pour en arrêter le moulinet : pour moi, je crois que c'eſt-là une pauvre reſſource.

Remarques ſur de faux principes.

Comme les Commençans n'ont point d'expérience, & qu'ils pourroient fort bien adopter certains principes ; je vais leur en donner une idée, afin de les en garantir.

1°. La garde qui repréſentera le bras tendu, la main partagée entre la *Tierce* & la *Quarte*, le genou droit roide, le corps très en arriere, & la pointe au corps, démontrera, au premier coup-d'œil, une poſition très-avantageuſe, en ce qu'elle paroîtra préſenter une barriere invincible. On fait remarquer que cette poſition procurera un avantage conſidérable pour la parade, en ce qu'il ne s'agira que de tourner la main pour ſe garantir ; &, de plus, que le premier tems de la main eſt déja produit, & qu'il n'y a plus qu'à tirer du fort au foible, & même que l'oppoſition eſt déja priſe, pour peu que l'on tourne le poignet.

2°. La parade de *Tierce*, en pointe baſſe, ne laiſſe point de vuide comme celle de pointe haute ; &, en outre, la pointe eſt mieux placée ſur le corps de l'Adverſaire, par conſéquent accélere à la riposte. Et, à l'égard de la parade de *Quarte*, (auſſi à bras tendu) elle a le même avantage que la *Tierce*.

3°. La poſition du corps allongé, (en tirant) touche de plus loin ; & même la tête ſous la ligne du bras eſt plus garantie d'un mauvais coup.

Réfutation des principes ci-deſſus.

1°. Cette garde ne procure point d'élaſticité au corps ni au poignet.

2°. La parade de *Tierce* & de *Quarte* eſt ſouvent produite du foible de l'épée ; &, de plus, la *Tierce*, ainſi parée, ramene ſouvent la pointe de l'Adverſaire au corps ; & même quand on eſt obligé de parer un peu de près, on ſe trouve quelquefois forcé de produire la parade ſur le bras ou ſur la main de ſon Adverſaire.

3°. Le corps par trop allongé ôte la liberté de se relever facilement ; &, de plus, empêche les reprises de main, &c.

Comme le but de ce petit Ouvrage n'est que de démontrer les vrais principes ; on n'entrera pas dans un plus long détail, chacun pratiquera sa méthode ; & celle qui procurera le vrai moyen de se défendre, & d'être vainqueur, sera sans contredit la meilleure : car enfin l'Art de tirer des armes est de toucher & de n'être pas touché ; mais je dis que les principes qui donneront de l'élasticité, doivent être préférés à tous autres ; & même j'ose avancer que, si on pouvoit les pratiquer avec toute la justesse, la précision & le jugement dont cet Art est susceptible, il ne seroit guère possible d'être vaincu : mais il suffit d'être homme pour faillir.

REMARQUES.

Comme le jeu du coup de tems est très-difficile, & qu'il y a des jeunes gens qui veulent le pratiquer à l'Assaut avant qu'ils soient en état d'en connoître toutes les difficultés, je crois qu'il est ici à propos de leur en faire voir tout le danger, sur-tout quand il s'agira de l'exécuter sur un dégagement fait, la pointe au corps. Ce jeu ne peut être entrepris que par quel-qu'un qui a beaucoup de vitesse & de ju-gement dans cet Art ; sans quoi, les coups pour coups y sont très-fréquens.

Premierement, l'intention du Tireur est toujours de l'emporter de vitesse sur celui qui dégage ; &, dans cette espérance, il tire, mais souvent sans opposition ; ce qui produit pour lors le coup pour coup, quand même ce seroit *Tierce* pour *Tierce*, *Quarte* pour *Quarte*, *Seconde* pour *Se-conde*, *Quarte basse* pour *Quarte basse*.

Comme les Combattans pourroient avoir quelque contestation à ce sujet, il est bon de dire que le Tireur fait la premiere faute en manquant son opposition, & l'autre la seconde en ne parant pas : ce-pendant, si le Tireur prend la ligne du dessus, & que l'autre prenne celle du deſſous, pour lors la faute ſera totalement ſur celui qui aura tendu, en ce que l'on ne peut pas occuper le deſſus & le deſſous en même tems.

Quand quelqu'un rompra à l'inſtant qu'on lui tirera, il ſera inutile de ſe relever ; mais il faudra ſe remettre en garde en reſſerrant le pied gauche vers le droit, afin de le rejoindre ſans marcher à lui.

Quand un jeune homme aura bien exercé le corps & le poignet ſur tout ce qui a été dit, il pourra après cela choiſir un Maître qui le perfectionnera dans l'exécution de cet Art ; & même chaque fois qu'il prendra leçon, il s'attachera à obſerver les fautes que le Maître eſt obligé de faire pour ſe laiſſer toucher : cette attention exacte lui donnera la facilité de connoître où ſon Adverſaire manquera, & ce ſera à lui à en profiter, quand il ſera Aſſaut. Il faut, en outre, qu'il faſſe attention que la leçon de pied ferme lui procurera le jeu de parades & de ripoſtes, & même celui du coup de tems ; & quand il marchera & rompra,

F. Krünitz sculp.

celui d'attaques & de retraites.

De plus, il ne doit pas trouver mauvais que le Maître ne lui livre pas toujours fon plaftron, quoique cela foit très-pénible ; mais, par la fuite, il s'en trouvera bien, en ce qu'il s'accoutumera à foutenir fon coup

Je crois en avoir fuffifamment dit fur cette matiere, pour procurer aux jeunes gens la Théorie de cet Art : ainfi, ce fera à eux, après cela, de s'en donner la pratique.

F I N.

Nota. On trouvera peut-être ridicule que la main gauche vienne fi fouvent au fecours de la droite, attendu qu'elle oblige l'épaule à perdre fa vraie pofition ; mais il faut, de deux maux, éviter le pire, fur-tout dans une affaire férieufe : enfin on a deux bras, c'eft pour s'en fervir dans l'occafion. D'ailleurs, la critique de cet Ouvrage entrera parfaitement dans les vues de l'Auteur, dont l'unique but eft de procurer à la Jeuneffe les moyens les plus fûrs & les plus faciles pour parvenir à la connoiffance de cet Art.

PRIVILÉGE DU ROI.

LOUIS, par la grace de Dieu, Roi de France & de Navarre : A nos amés & féaux Conseillers, les Gens tenans nos Cours de Parlement, Maîtres des Requêtes ordinaires de notre Hôtel, Grand-Conseil, Prévôt de Paris, Baillifs, Sénéchaux, leurs Lieutenans Civils & autres nos Justiciers qu'il appartiendra : SALUT, notre amé le Sieur BATIER Nous a fait exposer qu'il désireroit faire imprimer & donner au public *La Théorie pratique de l'Escrime* de sa composition, s'il Nous plaisoit lui accorder nos Lettres de Permission pour ce nécessaires. A CES CAUSES, voulant favorablement traiter l'Exposant, Nous lui avons permis & permettons par ces Présentes, de faire imprimer ledit Ouvrage autant de fois que bon lui semblera, de le faire vendre & débiter par tout notre Royaume pendant le temps de trois années consécutives, à compter du jour de la date des Présentes. FAISONS défenses à tous Imprimeurs, Libraires, & autres personnes, de quelque qualité & condition qu'elles soient, d'en introduire d'impression étrangere dans aucun lieu de notre obéiſſance : à la charge que ces Préſentes ſeront enregiſtrées tout au long ſur le Regiſtre de la Communauté des Imprimeurs & Libraires de Paris, dans trois mois de la date d'icelles ; que l'impreſſion dudit Ouvrage ſera faite dans notre Royaume & non ailleurs, en beau papier & beaux caracteres; que l'Impétrant ſe conformera en tout aux Réglemens de la Librairie, & notamment à celui du dix Avril mil ſept cent vingt-cinq, à peine de déchéance de ladite Permiſſion; qu'avant de l'expoſer en vente, le Manuſcrit qui aura ſervi de copie à l'impreſſion dudit Ouvrage, ſera remis dans le même état où l'Approbation y aura été donnée, ès mains de notre très-cher & féal Chevalier, Chancelier Garde des Sceaux de France, le Sieur DE MAUPEOU ; qu'il en ſera enſuite remis deux Exemplaires dans notre Bibliothéque publique, un dans celle de notre Château du Louvre, & un dans celle dudit Sieur DE MAUPEOU, le tout à peine de nullité des Préſentes; du contenu deſquelles vous mandons & enjoignons de faire jouir ledit Expoſant & ſes ayans cauſe, pleinement & paiſiblement, ſans ſouffrir qu'il leur ſoit fait aucun trouble ou em-pêchement. Voulons qu'à la Copie des Préſentes qui ſera imprimée tout au long, au commence-ment ou à la fin dudit Ouvrage, foi ſoit ajoûtée comme à l'Original. Commandons au premier notre Huiſſier ou Sergent ſur ce requis, de faire pour l'exécution d'icelles tous actes requis & né-ceſſaires, ſans demander autre permiſſion , &

non-obstant clameur de Haro, Charte Normande & Lettres à ce contraires; CAR tel est notre plaisir. Donné à Paris, le quinziéme jour du mois de Janvier, l'an de grace mil sept cent soixante-douze, & de notre Regne le cinquante-septiéme. Par le Roi, en son Conseil.

LE BEGUE.

Régistré sur le Registre XVIII de la Chambre Royale & Syndicale des Libraires & Imprimeurs de Paris, N°. 1872, fol. 595, conformément au Réglement de 1723; qui fait défenses, article 41, à toutes personnes de quelque qualité & condition qu'elles soient, autres que les Libraires & Imprimeurs, de vendre, débiter, faire afficher aucuns livres pour les vendre en leurs noms; soit qu'ils s'en disent les Auteurs ou autrement, & à la charge de fournir à la susdite Chambre neuf exemplaires prescrits par l'art. 208 du même Réglement. A Paris ce 27 Janvier 1772.

HÉRISSANT, Syndic.